Género Texto expositivo

Pregunta esencial
¿Cómo trabajan juntos los equipos?

Héroes contra el fuego

Kate Sinclair

Introducción

Hace mucho tiempo, la gente necesitaba el fuego para sobrevivir. Se usaba el fuego para cocinar y mantenerse caliente, pero siempre existía el peligro de un incendio accidental. Los primeros colonos construían los edificios con madera. El bosque estaba cerca. No había agua corriente. No había cuerpos de bomberos a quienes acudir. ¡Un incendio podía destruir un pueblo entero rápidamente!

El gran incendio de Londres destruyó más de 13,000 casas.

En 1666, hubo un incendio enorme en Londres. La ciudad ardió durante tres días. El fuego destruyó muchas casas y muchas personas murieron.

Da miedo pensar que comenzó en una tienda pequeña. Era un día ventoso. El viento expandió el fuego por la ciudad rápidamente. Provocó muchos daños.

La gente entendió que debía unirse para protegerse de los incendios.

CAPÍTULO 1

Nos unimos

Los incendios causaron problemas a los primeros pobladores de Estados Unidos. En 1608, un incendio se propagó por Jamestown y quemó la mayoría de las casas en la **colonia**. También hubo dos incendios dañinos en Boston en 1653 y 1676.

La gente comprendió que se debía actuar rápidamente ante los incendios. Comenzaron a formar equipos de **voluntarios** con el propósito de combatir y prevenir incendios.

La lucha contra los incendios en el siglo XVII

- Se dejaban baldes de agua fuera de las casas durante la noche.
- Los voluntarios utilizaban varas largas para retirar los baldes.
- Los voluntarios acudían a los incendios con los baldes de agua.
- Se precisaban muchos voluntarios.

El fuego dañó muchos edificios en las ciudades de Estados Unidos.

William Penn fundó la ciudad de Filadelfia en 1682. Penn había visto el gran incendio de Londres. Trató de prevenir los incendios al planificar la nueva ciudad. Se ordenó a los pobladores que limpiaran sus chimeneas frecuentemente. Muchos edificios se comenzaron a construir con ladrillos en lugar de madera.

Este es el primer carro de bomberos que se construyó en Estados Unidos.

Ben Franklin fue uno de nuestros padres fundadores. También organizó un grupo de bomberos voluntarios en Filadelfia.

En 1736, Franklin creó un cuerpo de bomberos, la Union Fire Company. Tenía 30 voluntarios, quienes llegaron a ser héroes en su comunidad.

Ben Franklin ayudó a organizar un equipo de bomberos voluntarios en Filadelfia.

Mujeres que fueron bomberas

La primera bombera voluntaria que se conoce fue Molly Williams, afroamericana. Molly luchaba contra el fuego con vestido y delantal. ¡Otra voluntaria, Marina Betts, era conocida por arrojar baldes de agua sobre los hombres que no ayudaban a combatir los incendios!

El trabajo en equipo era importante para los bomberos voluntarios. Debían llevar baldes con agua hasta los incendios. Formaban una fila y se pasaban los baldes. De esta forma, llegaban a los incendios lo más pronto posible.

Con los equipos modernos, se precisan menos voluntarios. El trabajo aún es importante, y los bomberos aún deben trabajar en equipo.

AHORA COMPRUEBA

¿Cómo ayudaron William Penn y Ben Franklin a prevenir y combatir los incendios?

Los bomberos apagan un incendio en Atlanta, Georgia.

CAPÍTULO 2

Bomberos en acción

Actualmente, existen más de 30,000 cuerpos de bomberos en Estados Unidos. Casi el 90 por ciento está completamente o en parte compuesto por voluntarios. ¡Son más de 800,000 personas!

Todos los voluntarios sienten un **deber cívico**. Desean ayudar a su comunidad.

En la actualidad, los bomberos pueden apagar incendios usando mangueras de alta presión.

Los bomberos trabajan frecuentemente con miembros de otros equipos, como los paramédicos.

Los bomberos trabajan en equipos. Por lo general, hay un capitán a cargo. El capitán asigna tareas a cada bombero. Estas cambian de un momento a otro. Por eso, todos deben aprender a manejar el camión, conectar las mangueras, colocar las escaleras y entrar a los edificios en llamas de forma segura.

Los bomberos voluntarios también desempeñan otras actividades. Ayudan en casos de desastres naturales, accidentes de tránsito y emergencias médicas.

Detective del lenguaje	**¿Qué pronombre demostrativo hay en la oración subrayada?**

Los bomberos voluntarios deben capacitarse. Primero, aprenden cómo combatir el fuego de forma segura. Deben pasar una prueba física también. Deben arrastrarse en espacios pequeños y mover escaleras pesadas. Deben arrastrar mangueras pesadas por cientos de pies y subiendo y bajando escaleras. Además, deben cargar a una persona de 180 libras a través de una puerta.

Los bomberos visten equipo de protección y cargan equipo pesado.

Un día de trabajo

Cómo es un día de trabajo de un bombero.

Estos bomberos están organizando las tareas.

Suena la alarma. Una casa está en llamas. Tomamos nuestro equipo, corremos hacia el camión y ocupamos nuestros asientos. Joe es nuestro conductor. Estoy a cargo de la manguera. Anne se ocupa de las escaleras. Cuando llegamos, vemos que será difícil controlar el fuego. Todos tenemos los trajes de protección y ***aparatos*** *para respirar. Nos aseguramos de que todos salgan de la casa. A un señor mayor le cuesta respirar. Peter, responsable de primeros auxilios, se ocupa de él. Nuestro nuevo equipo nos ayudó a combatir el incendio. ¡Estamos muy cansados! Pero estamos a salvo.*

AHORA COMPRUEBA

¿Cuáles son algunas de las tareas que los bomberos voluntarios deben ser capaces de realizar?

CAPÍTULO 3

Seguridad en el hogar

Una de las tareas de los bomberos es enseñar sobre la prevención de incendios. ¿Sabes qué hacer si hay un incendio en tu hogar?

¡A escapar!

¿Cuál es la salida más segura de tu casa si hay un incendio? En una reunión familiar, comenten las mejores formas de salir de allí, sobre todo durante la noche. Elijan un lugar afuera para encontrarse. Alguien debe comprobar que todos hayan salido. Sin volver a la casa, llamen al 9-1-1 o a los bomberos apenas sea posible.

Detective del lenguaje — **Reescribe la frase subrayada usando el pronombre posesivo tuya.**

Si el fuego llegó a tu ropa, agáchate, acuéstate sobre el piso y gira de costado.

Edificios altos

Si vives en un edificio alto, averigua dónde se encuentra la salida de incendios más cercana. Cuando estés afuera, no vuelvas a entrar. Si crees que hay alguien adentro, avisa a los bomberos

Las escaleras son lo más seguro para abandonar un edificio en llamas.

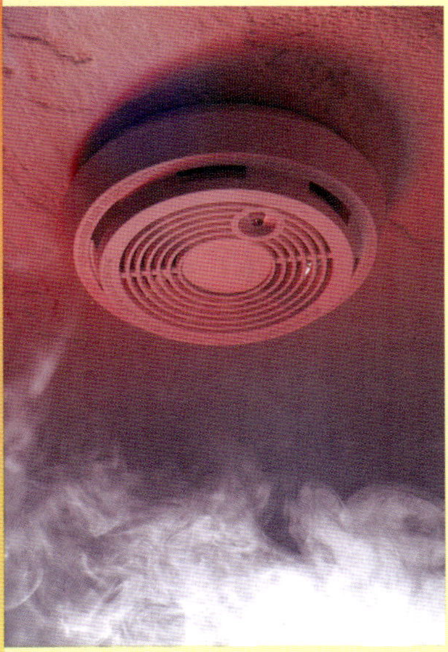

¡Un detector de humo salva vidas!

Detectores de humo

Un detector de humo que funcione, alerta en cualquier momento. Debe haber uno en cada piso y cerca de los dormitorios. Cambia las pilas cada seis meses.

AHORA COMPRUEBA

¿Qué debes recordar si hay un incendio en tu hogar?

Conclusión

Desde hace mucho tiempo, la gente sabe que el trabajo en equipo ayuda a proteger a la comunidad contra los incendios. Actualmente, todos están muy ocupados y no tienen tiempo para ofrecerse como bomberos voluntarios. Pero el trabajo de los bomberos voluntarios es tan importante hoy como en el pasado.

Los bomberos enseñan a la gente sobre seguridad ante los incendios.

Respuesta a la lectura

Resumir

Usa detalles de *Héroes contra el fuego* para resumir el texto. Usa el organizador gráfico como ayuda.

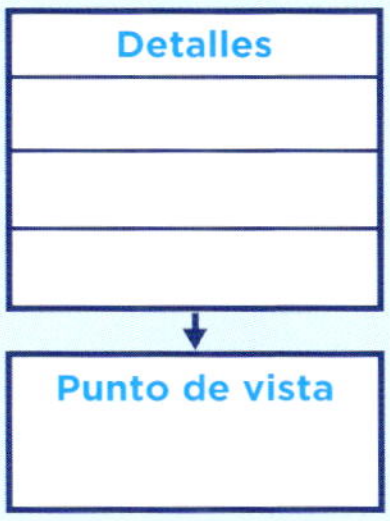

Evidencia en el texto

1. ¿Cómo sabes que *Héroes contra el fuego* es un texto expositivo? Halla dos ejemplos de información sobre los bomberos en el texto. **GÉNERO**

2. ¿Cómo describe la autora a los bomberos voluntarios? Da un ejemplo. **PUNTO DE VISTA DE LA AUTORA**

3. ¿Cuál es el significado de *prevenir* en la página 4? ¿Qué pistas en la oración te ayudan a averiguar su significado? **CLAVES EN LAS ORACIONES**

4. Escribe un párrafo corto para describir lo que piensa la autora sobre los bomberos voluntarios. **ESCRIBIR SOBRE LA LECTURA**

Género Cuento exagerado

Compara los textos

Lee acerca de una mujer que obtiene ayuda de forma muy inusual.

UN FAVOR DEVUELTO

Sal Fink era la hija de un famoso barquero del Mississippi. Era valiente y gritona.

Un día, Sal estaba caminando por el bosque cuando vio tres cachorros de oso dormidos. Se inclinó para acariciarlos. Acariciar a un animal salvaje no es una buena idea. Pero Sal era descuidada con respecto a su seguridad.

Sal escuchó un gruñido detrás de ella. Giró y vio a una madre osa muy enojada. ¡La osa estaba lista para atacar! Pero Sal no escapó. Sal gritó. La osa se detuvo. Luego, Sal luchó con la osa hasta derribarla.

La osa quedó a su disposición. Sal observó a la osa y a sus cachorros. Acarició a la osa y se alejó.

Dos años después, Sal estaba talando un árbol. De repente, olió humo. Miró a su alrededor y vio llamas que la rodeaban.

Sal no sabía qué camino tomar. Gritó fuerte, pero nadie la oyó. ¡O eso creyó Sal!

De pronto, una osa se abrió camino entre los árboles. Había reconocido la voz de Sal. Le temía al fuego, pero recordaba que Sal le había perdonado la vida. La osa corrió hacia Sal. Luego, retrocedió por donde había venido. Sal comprendió que la osa quería que la siguiera.

Sal siguió a la osa hasta que llegaron a un río. La osa se lanzó al agua y Sal la siguió. Se aferró a la piel de la osa, que la remolcó hasta el otro lado del río.

Sal se bajó y se tendió jadeando, pero estaba a salvo. La osa se quedó observándola un rato, y luego se alejó hacia los árboles.

Haz conexiones

¿Cómo trabajan juntas Sal y la osa en *Un favor devuelto*? **PREGUNTA ESENCIAL**

¿Por qué los dos textos son ejemplos de trabajo en equipo? **EL TEXTO Y OTROS TEXTOS**

Glosario

aparato equipo necesario para un propósito determinado ***(página 11)***

colonia lugar donde la gente se establece por primera vez en un territorio nuevo para ellos ***(página 4)***

deber cívico responsabilidades de un ciudadano ***(página 8)***

voluntario persona que se ofrece para realizar un trabajo sin recibir pago ***(página 4)***

Índice

Enfoque:

Estudios Sociales

Propósito Investigar sobre los voluntarios

Paso a paso

Paso 1 Elige una organización donde trabajen voluntarios, como un banco de alimentos o un refugio para animales.

Paso 2 Averigua todo lo que puedas sobre la organización, como, por ejemplo, cómo trabaja y cuál es su finalidad.

Paso 3 Averigua qué hacen los voluntarios.

Paso 4 Escribe un párrafo corto sobre lo que hace la organización.

Paso 5 Escribe un párrafo corto sobre lo que hacen los voluntarios.

Conclusión ¿Qué aprendiste sobre la organización?